AF221040

Teneriffa

lieben lernen

Der perfekte Reiseführer für einen unvergesslichen Aufenthalt auf Teneriffa inkl. Insider-Tipps, Tipps zum Geldsparen und Packliste

Amelie Sonnenbeck

✈ INHALT

Das erwartet Sie in diesem Buch

Sie lieben es, zu reisen? Sie möchten Abenteuer und Erholung miteinander verbinden? Dann haben Sie mit dem Kauf dieses Buches alles richtig gemacht! Auf der größten kanarischen Insel ist dies möglich. Die Rede ist hier von der faszinierenden Insel Teneriffa. In diesem Buch werden sie in die Besonderheiten und die Vielfältigkeit Teneriffas eintauchen und diese bestimmt bald auch selbst erkunden. Sie werden erfahren, warum sich eine Reise in jeder Jahreszeit lohnt und wie die Insel durch ihre einzigartige Natur und Beschaffenheit jeden in ihren Bann zieht. Angefangen bei den besonderen schwarzen Sandstränden bis hin zu dem 3718 Meter hohen Vulkan Pico del Teide ist jede Tour von Entdeckungen anderer wundervoller Orte gezeichnet. Auch reizvolle Städte befinden sich auf der Vulkaninsel, wie beispielsweise Santa Cruz, die Hauptstadt von Teneriffa. Langweilig wird es hier nicht. Dieser Reiseführer wird Ihnen nichts vorenthalten und Ihnen die Sehenswürdigkeiten der Insel vorstellen. Vielleicht wird zudem der ein oder andere Geheimtipp verraten. Aber auch, wenn Sie mehr für Entspannung zu haben sind, lässt sich Teneriffa dies nicht nehmen.

Der Zauber Teneriffas geht auch in den vielen Hotels an den Sandstränden und Buchten nicht verloren. Auch hier kann Ihnen dieses Buch einen guten Überblick verschaffen, um eine preiswerte Reise zu planen. Interessieren Sie sich zudem für die Geschichte und die Entstehung Teneriffas, wird Ihnen dieser Ratgeber auch in dieser Hinsicht interessante Fakten offenlegen. In diesem Reiseführer wird Ihnen ein umfassendes Bild von Teneriffa verschafft, sodass Sie wahrscheinlich nach dem Lesen dieses

Buches schon auf dem Weg in das nächste Reisebüro sind. Der Planung Ihrer Reise steht dann nichts mehr im Wege.

Warum Teneriffa als Reiseziel?

KLIMA

Ein guter Grund, Teneriffa als nächstes Reiseziel zu favorisieren, ist die Tatsache, dass die Wetterbedingungen auf der kanarischen Insel über das ganze Jahr hinweg sehr angenehm sind. Nicht umsonst wird sie als „Insel des ewigen Frühlings" bezeichnet. Es herrscht ganzjährig ein mildes Klima, bezeichnet wird dies als ozeanisch-tropisches Klima. Somit ist auch der Sommer nicht allzu heiß. Es ist jedoch wichtig, zu wissen, dass der Norden der Insel um einiges kühler als der Süden ist. Zudem werden Sie dort öfter von Regenschauern überrascht, denn die Niederschlagsmenge ist im Norden deutlich höher. Sie fragen sich nun bestimmt, woher diese großen Wetterunterschiede auf der Insel kommen. Dafür gibt es eine einfache Erklärung. Der Norden Teneriffas ist die dem Passatwind zugewandte Seite, folglich ist der südliche Teil den Passatwinden abgewandt und somit etwas wärmer und trockener. Hinzu kommt die Gebirgskette, welche sich über die ganze Insel von Nord nach Süd zieht. Mögen Sie es eher etwas grüner, sollten Sie Ihren Urlaub also im Nordosten der Insel planen.

Allgemein werden die Monate von Mai bis August als Sommermonate angesehen, denn zu dieser Zeit werden Sie die meisten Sonnenstunden genießen können. Der Sommer auf Teneriffa lässt kaum Niederschlag zu. Die Tageshöchstwerte liegen bei ca. 30 Grad Celsius, in der Nacht sinkt die Temperatur auf angenehme 22 Grad Celsius. „Calima" kann aber auch an einigen Tagen im Sommer für weit aus heißere Tage sorgen. Damit ist der heiße Wüstenwind aus der Sahara gemeint. Was Sie hier in Deutschland absolut nicht als Herbst bezeichnen würden, ist auf Teneriffa selbstverständlich. Von September bis November liegt die durchschnittliche Tagestemperatur bei etwa 26 Grad Celsius. Auch das Meer ist noch angenehm warm. Ein Sommerurlaub wird aus Ihrer Sicht also auch zu dieser Zeit noch möglich sein. Gegen Ende des Jahres stellt sich jedoch etwas mehr Niederschlag ein. Aus diesem einfachen Grund können die Monate von Dezember bis Februar als die „grünsten Monate" angesehen werden. Somit ist es aber auch häufiger bedeckt und es regnet an etwa sieben Tagen pro Monat. Im Vergleich zu Deutschland ist dies immer noch relativ wenig. Dies sollte Sie also nicht von einem Urlaub in diesen Monaten abschrecken, denn die täglichen Sonnenstunden betragen immerhin noch fünf Stunden mit einer Tagestemperatur von ca. 20 Grad Celsius.

Am sinnvollsten für die Reise in den Wintermonaten ist der Süden. Der Frühling der „Insel des ewigen Frühlings" bezieht sich auf die Monate von März bis Mai. Die Tagestemperatur pendelt sich hier bei etwa 22 Grad Celsius ein. Die Temperatur des Meeres liegt bereits bei 19 Grad Celsius. Möchten Sie jetzt trotzdem wissen, welche Monate den besten Reisezeitraum darstellen, dann sind es die Monate von April bis Oktober. Die Hauptsaison bezieht sich jedoch auf die Monate von Juni bis September, vorrangig August. Somit kann viel Geld gespart werden, wenn man in den Monaten davor eine Reise bucht. Trotzdem wird man mit fast identischen Wetterbedingungen belohnt. Liegt der Fokus so oder so auf einem Wanderurlaub und der Natur, eignen sich die Monate März und April am besten. Auch im November können kürzere Touren bei bis zu sechs Sonnenstunden unternommen werden. Für einen Badeurlaub sollten jedoch die Monate von Mai bis Oktober bevorzugt werden.

NATUR

Betrachtet man die Natur Teneriffas, wird einem schnell bewusst über welche Vielfältigkeit die Insel verfügt. Hauptsächlich ist dies nur durch die unterschiedlichen Klimazonen möglich. Im Norden stößt man auf dichte Passatwolken, während im Süden strahlend blauer Himmel zu sehen ist. Auch die Vegetation unterscheidet sich im Hinblick auf Nord und Süd. Auf Teneriffa erwarten Sie kontrastreiche Landschaften, atemberaubende Höhen und wunderbare Meeresluft. Sie befinden sich in der wunderbaren Weite des Atlantiks auf der größten Kanareninsel.

Aus der Vogelperspektive erscheint Ihnen die Insel als überdimensioniertes Dreieck, aus dessen empor der höchste Berg Spaniens ragt. Die Rede ist vom Pico del Teide, einem 3718 Meter hohen Vulkan. Das Gebiet um den Vulkan wurde 1954 zum Parque Nacional del Teide ernannt. Heute gehört er zum meistbesuchten Naturpark von Teneriffa. Zudem dominieren endemische Pflanzen diese Vulkanlandschaft. Endemisch bedeutet, dass zahlreiche Pflanzenarten nur auf den Kanarischen Inseln selbst zu finden sind, manche von diesen Pflanzen auch nur auf Teneriffa. Zahlreiche Pflanzen konnten sich auf der Insel anpassen und weiterentwickeln.

Nur auf Teneriffa und den anderen Kanarischen Inseln können Sie Zeuge der Natternköpfe werden. Vor allem im Frühling beleben sie die „Mondlandschaft" und sind der ganze Stolz der Einheimischen. Die sogenannten Natternköpfe ähneln einer Mischung aus Kakteen und dem Fingerhut, den Sie sicherlich aus den heimischen Wäldern kennen. Auch der Kanarische Kiefer gehört zu den endemischen Pflanzen der Insel. Aber Teneriffa kann nicht nur mit alpinen Gipfeln und besonderen Pflanzen punkten, sondern auch mit zwei besonderen Felsmassiven.

Diese nennen sich Anagagebirge und Tenogebirge. Sie bilden die beiden äußeren Punkte des Dreiecks aus der Vogelperspektive. Auch diese besonderen Landschaften bilden jeweils Naturparks, die besucht werden können. Hier ergibt sich die einzigartige Möglichkeit, durch die sogenannten Passatwolken hindurch zu fahren und ab einer bestimmten Höhe strahlendem Sonnenschein zu begegnen, während man auf die Wolken herabschaut. Dies ist in den nördlichen Bereichen durch die hohe Luftfeuchtigkeit möglich, da die Wolken an den Hängen aufsteigen. Durch diese klimatischen Bedingungen kam es zur Entstehung von Lorbeerwäldern.

Im Anagagebirge trifft man auf den Bosque de la Mercedes. Dies ist ein Lorbeerwald, der wunderbare Wanderwege für Sie bereithält. Unter anderem entstanden so auch viele verschiedene Palmen sowie der Kanarenwacholder und der Drachenbaum. In höheren Lagen werden Sie den typischen Kanarenkiefern über den Weg laufen. Betrachtet man den Süden und Osten Teneriffas, stellt man schnell fest, dass hier eine trockenresistente Vegetation herrscht. Die Sukkulenten unter den Pflanzen haben sich auf dieser Seite der Insel angesiedelt. Die Landschaft ist

hier durch Sand- und Geröllfelder geprägt. Beispielsweise formten oberhalb der Costa Adeje Wasser und
Wind Felsformationen aus dem sogenannten Tosca-
gestein, die die heutigen Roques bilden. Durch diesen Abschnitt erheben sich viele kleine Vulkankegel,
die sich durch sieben unterschiedliche Täler aus-
zeichnen. Zu den bekanntesten Tälern zählen la
Orotavo und Güimar, welche sich zwischen dem
Teno- und Anagagebirge befinden.

Aber auch beeindruckende Schluchten gehören
zu den Highlights. Beispielsweise gleicht die
Schlucht von Masca einem Paradies. Etliche Palmen
in atemberaubender Höhe mit Blick aufs Meer sorgen für diesen paradiesischen Zustand. Zuletzt dürfen die traumhaften Strände mit ihren Buchten und
Klippen nicht vergessen werden! Die beeindrucken-
den Klippen von Los Gigantes werden Sie ins Staunen bringen. Die schwarzen Strände gezeichnet von
getrocknetem Lavagestein sind ein einmaliger An-
blick. Aber auch weißen Sandstrand gibt es auf Teneriffa. Die heißen Winde aus der Sahara brachten an
wenigen Stellen auch Sand mit und lagerten ihn an
bestimmten Strandabschnitten ab. Spätestens jetzt
sollten Sie bereits einen kleinen Einblick in die

Vielfalt Teneriffas bekommen haben. Die Fauna auf der Insel hält sich jedoch in Grenzen. Sie ist um einiges weniger vielfältig. Ohne die Menschen konnten von den Säugetieren nur Fledermäuse Teneriffa erreichen und zu ihrer Heimat machen. Die Tierwelt weist trotzdem zum Beispiel verwilderte Hauskatzen oder eingeführte Wildkaninchen auf. Die Auswahl an Wirbeltieren, wie Vögel und Reptilien, fällt jedoch größer aus. Beispielsweise ist die Wildform des Kanarienvogels auch eine typische Art für die Kanaren selbst. Für Reisende ist jedoch wichtig, zu wissen, dass es keine giftigen Schlangen oder Skorpione auf die Insel geschafft haben. Auch wenn es zahlreiche Insekten gibt, sind zudem kaum Mücken, Wespen oder sonstige unerwünschte Insekten vertreten. Auch dies spricht weiterhin für eine angenehme Reise auf Teneriffa. Mit einem Blick in den Atlantik werden Sie in der 2000 Meter tiefen Meerenge zwischen der Insel La Gomera und Teneriffa auf eine hohe Zahl von Pilotwalen treffen. Dies ist eine Besonderheit, denn an kaum einem anderen küstennahen Ort auf der Welt wird man so vielen Walen begegnen.

Die Entstehung der Insel

GEOLOGIE

Die Insel trägt eine interessante Geschichte mit sich, ob historisch oder geologisch. Zunächst werden wir uns mit der Geologie der Insel beschäftigen. Teneriffa umfasst eine Fläche von 2.034,38 km^2 mit einer Länge von 83,3 Kilometern und einer Breite von 53,9 Kilometern. Topografisch gehören die Kanaren zu Afrika, denn Teneriffa ist etwa 288 Kilometer von Marokko und der Westsahara entfernt. Zu der Küste von Spanien selbst liegt die Insel 1.274 Kilometer entfernt. Die Landschaft Teneriffas ist ein Unikat und das Resultat von jahrelangem Vulkanismus. Dieser ist auf einen Gefahrenherd im Erdinneren zurückzuführen. Er hat durch seine Aktivität vermutlich die Inselkette aufgebaut. Währenddessen soll die Afrikanische Platte weiter nach Nordosten gedriftet sein bzw. sie tut dies im Erdinneren immer noch. Im Laufe von Millionen von Jahren wurde die Insel geformt. Der Vulkanismus auf den Kanaren entsteht aus alkalischen Bestandteilen, das heißt, die Lava besteht größtenteils aus Basalten, Trachyten und Phonolithen. Diese Lava trägt die Eigenschaft, dass sie nach dem Ausbruch noch weite Strecken fließen kann.

Der Nordwesten Teneriffas ist das älteste Gebiet, darunter auch die besagte Masca-Schlucht. Auch die Region um Adeje zählt zu den ältesten Gebieten der Insel. Im Süden der Insel wird man deutlich erkennen können, dass dort explosive Vulkanausbrüche die Landschaft geprägt haben. Massive Felsbrocken treten dort sehr häufig auf. Die ältesten Felsen konnte man auf sieben Millionen Jahre zurückdatieren. Vor dieser Zeit gab es auch schon unterirdische Eruptionen, bis die Insel im Bereich von Teno und Anaga aus dem Meer hinauf tauchte. Bei Eruptionen austretende vulkanische Materialien haben sich jeweils als Schichten aufeinandergelegt und ließen so unter anderem die Höhen Teneriffas entstehen. Die erste Phase der Entstehung ging mit dem Austreten von silicahaltigem Ausbruchmaterial zu Ende. Dieses bildete die ersten höchsten Bergspitzen des Anagagebirges. Vor drei Millionen Jahren war die Insel von Vulkanausbrüchen übersät, vor allem die zentralen Gebiete Teneriffas. Diese formten allerdings allmählich die heutige Silhouette von Teneriffa. In dieser Phase kam es zu häufigen Spaltausbrüchen mit basaltischer Zusammensetzung.

Die riesige Gebirgskette, die sich über die gesamte Insel zieht, wurde so mit einer hohen Lavakonzentration an den Enden mit ihren Spitzen geformt. Dazwischen befinden sich jeweils die beiden Täler la Orotava und Güimar. Am Ende dieser Entstehungsphase kam es zum Absacken im Zentrum der Insel. Somit entstand die Gegend Caldera Las Canadas. Nach dieser Theorie konnte sich der Schichtvulkan Teide-Pico Viejo entwickeln. Jedoch gibt es mehrere Theorien. Andere Theorien besagen zudem, dass die eben genannten Täler durch das Abrutschen von gewaltigen Erdmassen entstanden sind. Die Entstehung von verschiedenen Vulkankegeln durch den Vulkanismus hat bereits vor einer halbe Million Jahre schon begonnen. In Caldera las Canadas entstanden seitdem die Vulkane Pico Viejo und Teide. Es gab überall neue Ausbruchsstellen, an denen vulkanisches Material vorheriges Material überlagerte und neues Land vom Meer abgewann. Das heutige Aussehen entwickelte sich nun immer mehr. Erst nach der Eroberung der Spanier konnten Vulkanausbrüche historisch belegt werden.

In den Jahren 1704 und 1705 kam es jeweils zu einigen Spaltenausbrüchen. Diese Eruptionen sind in der nordöstlichen Landschaft von Las Canadas zu erkennen. Hieraus ergibt sich eine faszinierende Wanderroute. Sie werden dort vulkanische Ablagerungen und erstarrte Lavaströme bewundern können. Hinzu kommt die faszinierende Kulisse des Teide und Montana Blanca. Obwohl der Teide mit seinen 200.000 Jahren noch ein sehr junger Vulkan ist, ist er der dritthöchste Vulkan der Welt. Er zählt zu den Schichtvulkanen und verfügt bis heute über eine Restaktivität von vulkanischen Gasausströmungen. Des Weiteren wird im Jahr 1706 von einem Ausbruch des Vulkans Montana Negra berichtet. Er dauerte neun Tage lang. Dies ist jedoch die einzige

Eruption, von der man weiß, dass sie erhebliche Schäden angerichtet hat. Ein Großteil der Geschichte Teneriffas wurde durch dieses Ereignis beeinflusst. Der längste historische Ausbruch wird auf den Zeitraum vom 9. Juni bis 8. September 1798 datiert. Es handelt sich hier um den Vulkan Pico Viejo, der an der Grenze des Nationalparks El Teide liegt. Der letzte Ausbruch wurde am 18.11.1909 historisch festgehalten, hier war es der Vulkan Chinyero. Mittlerweile ruhen die Vulkane auf Teneriffa schon sehr lange und ein weiterer Ausbruch ist sehr unwahrscheinlich. Auch wenn der Pico del Teide mit seinen Gasausströmungen noch aktiv ist, müssen Sie sich keine Sorgen machen, dass er ausbricht, wenn Sie gerade Urlaub machen. Das Innere des Vulkans liegt ruhend unter sehr vielen Gesteinsschichten.

GESCHICHTE

Es wird berichtet, dass die Geschichte der Insel nicht nur durch die Vulkanaktivität geprägt wurde. Teneriffas Geschichte beinhaltet Eroberungen, aber auch faszinierende und mystische Züge. Der Name der Kanarischen Inseln beruht auf einer besagten Legende.

Im 1. Jahrhundert wurden erste Erkundungen der Insel datiert. Ein Bote des Mauretanischen Königs sollte als Berichterstatter dienen. Als er die Insel betrat, fand er dort Riesenhunde vor und nahm einige mit in seine Heimat. Da „Can" auf Spanisch Hund bedeutet, erhielten die Kanarischen Inseln so Ihren Namen. Außerdem wird die Geschichte der Insel stark durch die Ureinwohner Teneriffas geprägt, durch die Guanchen. Sie sollen afrikanischen Ursprungs sein und folgten der Tradition der Mumifizierung. Die Gräber befanden sich im Gebiet der Pyramiden von Güimar. Bei Ausgrabungen fand man dort Überreste dieser Naturmenschen und antike Gegenstände. Die Tonbearbeitung ist für die Einwohner auf Teneriffa bis heute wichtig.

Diese Praktik sowie die des Töpferns brachten die Guanchen mit auf die Insel. Heute werden die Einwohner Teneriffas Tinerfenos bezeichnet, dies soll an den Häuptling der Guanchen erinnern, der den Namen Tinerfe trug. Die Übersetzung des Begriffs Guanche bedeutet schlicht und ergreifend Mensch aus Teneriffa. Neben der Legende von den Riesenhunden existieren noch viele weitere Legenden über die Kanarischen Inseln und Teneriffa selbst. Atlantis ist Ihnen sicher ein bekannter Begriff. Wussten Sie, dass auf zahlreichen Karten und Mitschriften des 16. und 17. Jahrhunderts die Kanaren als Atlantis bezeichnet wurden? Die griechische Mythologie besagt, dass Atlantis von einem reichen und weisen Volk bewohnt wurde. Es wurde von Poseidon, dem Gott des Meeres, regiert. Die Bewohner wurden mit der Zeit jedoch geizig und unverschämt, somit beschloss Zeus, sie mit Vulkanausbrüchen und Seebeben zu bestrafen.

Die Insel wurde in einer einzigen Nacht zerstört. Der Legende nach sollen die Reste von Atlantis unter den Kanarischen Inseln ruhen. Dieser Archipel soll also aus den höchsten Erhebungen und Bergen bestehen. Möchten Sie die heutige Welt Teneriffas verstehen, sollten Sie die historischen Highlights der Insel kennen. Der Vulkanismus ist ein Teil der Geschichte, betrachtet man jedoch weiter die Geschichte der Menschheit, wird deutlich, dass in früheren Zeiten einige Eroberungen vonstattengingen. Eine wichtige Eroberung lässt sich auf das Jahr 1496 datieren. Die Krone Kastiliens, ein mittelalterliches Königreich der iberischen Halbinsel, konnte Teneriffa für sich gewinnen. Die Eroberung dauerte fast zwei Jahre und begann vor Santa Cruz, in unmittelbarer Nähe zu dem historischen Stadtkern. Damals war Teneriffa die letzte, nicht eroberte Insel und in neun Stammesgebiete der Guanchen aufgeteilt. Einige Anführer schlossen Pakte mit den Eroberern, während die anderen großen Widerstand leisteten. Die Spanier waren wenig beeindruckt von den Drohungen der feindlichen Königsgebiete der Ureinwohner. Wenig später griffen die Ureinwohner sie an und besiegten sie in einer Schlacht. Sie zogen sich auf Gran Canaria zurück. 1495 kamen sie jedoch erneut auf die Insel und konnten die Guanchen besiegen. Durch eine Pestepidemie wurde das Volk der Guanchen stark dezimiert und somit wurde Teneriffa Teil der Krone Kastiliens.

Viele Inselbewohner wurden versklavt, erst 1511 kam es zur Freilassung. Auch vor Piraten war Teneriffa nicht geschützt, unter anderem diente damals die Schlucht von Masca als Rückzugsort und Schutz vor den Piraten. Sie hat Blick auf das Meer und liegt in den Bergen der auslaufenden Klippen. Selbst heute ist der Weg dorthin nicht die einfachste Route der Insel. Die Kanaren wurden im Jahre 1833 zu einer eigenständigen Provinz erklärt. Santa Cruz wurde nun zur Hauptstadt der Kanarischen Inseln und ist seit etwa 1850 eine der bedeutendsten Hafenstädte der Kanaren. Früher war sie wichtiger Zwischenstopp bei Überfahrten von Amerika nach Europa. Seit 1927 bilden die Städte Santa Cruz und Las Palmas eine Hauptstadtfunktion der Kanaren. Diese Regelung gilt bis heute und soll die seit 1833 bestehende Rivalität verringern.

Die Einwohner und Kultur Teneriffas

Tauchen Sie in die Welt Teneriffas ein, werden Ihnen einige kulturelle Besonderheiten begegnen. Von zauberhaften Fischerörtchen und zahlreichen Fiestas bis hin zur unbeschwerten Lebensweise der Tinerfenos werden Sie von unvergleichlichen Erlebnissen mit den Einwohnern und der Kultur der Insel in ihren Bann gezogen. Teneriffa wird in 3 Gebiete aufgeteilt, in die Metropolregion, den Norden und den Süden. Die Metropolregion liegt im nördlichen Teil der Insel und ist dicht besiedelt. Interessant zu wissen ist, dass in dieser Region etwa die Hälfte der gesamten Inselbevölkerung wohnt. Dieses Gebiet umfasst die wichtigsten Städte der Insel. Darunter fallen Santa Cruz de Tenerife, San Cristóbal de La Laguna, Tegueste und San Andrés. Die Südwestküste der Insel ist die touristisch am meisten besuchte Region. Dies liegt am besseren Wetter, an den zahlreichen Buchten und an den schönen Sandstränden.

Kommen Sie auf der Insel an, werden Sie nicht wie in der Heimat mit einem kräftigen Händedruck begrüßt, sondern mit einem Kuss links und rechts auf die Wange. Das Händeschütteln erscheint für viele der Einwohner als unhöflich. Auf Teneriffa leben knapp 900.000 Menschen in 31 Gemeinden. Zwei der Städte haben über 100.000 Einwohner, La Laguna sowie Santa Cruz de Tenerife. Die Einwohner werden wie bereits erwähnt als Tinerfenos bezeichnet, teilweise aber auch als Canarios. Die Bewohner führen ihr Leben meist unbeschwert, denn ihr Wohnzimmer sind Bars oder Restaurants. Sie verabreden sich lieber draußen anstatt in ihren Häusern. Zudem planen die Menschen dort nichts Monate im Voraus, sie planen meist kurzfristig. Für regelmäßige Partygänger wird Teneriffa ein Paradies sein. Die Einheimischen lieben es, zu feiern, eine Fiesta löst die nächste ab. Meist werden dazu traditionelle Trachten getragen und es wird gesungen und getanzt. Sie werden von einer besonderen Party-Atmosphäre, lebhaften Farben, gutem Essen und Drinks überwältigt werden.

Der Höhepunkt dieser Feiern ist Karneval. Zwei Wochen lang herrscht in Santa Cruz Ausnahmezustand und nach Rio de Janeiro gibt es hier den zweitgrößten Karneval der Welt. Verbringt man zu dieser Zeit auf Teneriffa seinen Urlaub, wird man über fantastische Umzüge berichten können. Auch dies kann ein fröhliches und unvergessliches Erlebnis werden. Hört man auf die Sprache der Einwohner, wird jemand mit guten sprachlichen Kenntnissen feststellen, dass das gesprochene Spanisch eher dem Spanisch aus Südamerika ähnelt. Wer gerne abends essen gehen möchte, dem werden vor 21 Uhr keine anderen Menschen begegnen. Die Bewohner dort essen erst spät abends. Erst ab 21 Uhr füllen sich die

Restaurants langsam. Des Weiteren wird man überall Kindern begegnen, da die Menschen dort ihre Kinder überall hin mitnehmen. In Restaurants, Cafés, auf Festivals, Dorffesten und auf dem Straßenkarneval sind Kinder anwesend. Sie spielen bis spät nachts auf den Straßen. Dies wäre in Deutschland undenkbar, auf Teneriffa wird alles etwas lockerer gesehen. Ob jung oder alt, das Leben findet auf der Insel draußen statt. Die älteren Menschen sitzen auf Dorfplätzen zusammen, Familien verbringen die Wochenenden am Strand und Jugendliche feiern an Grillplätzen im Wald. Auf Teneriffa geht dies das ganze Jahr über durch das traumhafte Wetter.

Das Motto der Einheimischen lautet „Tranquilo, tranquilo", denn sie sind weniger hektisch, gestresst oder ungeduldig als wir Deutschen. Davon könnte man sich eine Scheibe abschneiden und das Leben genießen, denn das Leben in Europa ist heutzutage meist sehr schnelllebig. Möchten Sie dem entkommen, sind Sie auf Teneriffa richtig. Die Menschen dort haben Zeit und verfügen über eine entspannte Grundhaltung. Es gibt auch keine penible Pünktlichkeit. Jedenfalls trifft dies auf die meisten Menschen dort zu. Jedoch sind dies die Tendenzen der

Bewohner. Ein stark verbreiteter Brauch sind die Romerias. Sie finden jedes Jahr an speziellen Tagen statt. Dort werden dann verschiedene Heilige Personen geehrt. Die Menschen der Insel pilgern zu einem Ort, an dem sie Ihr Fest ausrichten. Die Menschen ziehen in großen Gruppen durch die Stadt und werden von Tänzern und Sängern begleitet. Zudem findet die „Semana Santa" statt, die heilige Woche vor Ostern. Ein weiterer Brauch ist die „Noche de San Juan", auch „Nacht der Feuer" genannt. Vor Einbruch der Dunkelheit gibt es auch wieder tänzerische und musikalische Festtagsumzüge, anschließend wird das Feuer entzündet. Dies und noch vieles mehr hält Teneriffas Kultur für Sie bereit und lädt Sie zum Staunen, Feiern und Entspannen ein.

Die Entwicklung zum Reiseziel

Nachdem die Insel zunächst das Ziel von Botanikern, Forschern und Geologen war, entwickelte sich Teneriffa zu einem bedeutenden Reiseziel. Das warme Klima, die erfrischende Luft des Atlantiks und die vielfältigen Landschaften sorgen dafür, dass in den letzten Jahrzehnten, seit Ende des 19. Jahrhunderts, die Besucheranzahl stetig steigt. Besonders auch Menschen, die an Atemwegserkrankungen sowie Rheuma leiden, bevorzugen Teneriffa als Reiseziel. Die dortigen

Küstengewässer und die salzige Meeresluft helfen vielen Menschen zur Genesung. Das erste Hotelangebot der Inselgruppe wurde im Süden der Insel erbaut. 1886 wurde in Puerto de la Cruz das Unternehmen Hoteles y Sanatorium del Valle de La Orotava gegründet. Im Norden wurden wenige Jahre später weitere Hotels zur exklusiven Unterbringung von Touristen bzw. Reisenden erbaut. Ab den 1960er Jahren wurde der Tourismus auf Teneriffa immer populärer, denn es kamen immer mehr Menschen auf die Insel. Sie fingen an, die Sonne und das Meer auf Teneriffa im Zuge eines Urlaubs zu genießen. Das kulturelle Erbe und die malerische Gebirgskette unterstützten die Entstehung des gefragten Urlaubsziels Teneriffa. Von Jahr zu Jahr stieg die Zahl der Urlauber auch bis in den Süden zur Costa Adéje sowie zum Playa de las Américas stark an. Im Laufe der 1980er Jahre wurde selbst der Nationalpark El Teide zum zweithäufigsten besuchten Nationalpark der Welt. Auch zahlreiche Prominente Besucher wollten schon in diesen Jahren und davor ihren Urlaub auf Teneriffa genießen. Darunter fallen beispielsweise Agatha Christie, die auf der Insel zwei Romane verfasste, und Winston Churchill.

Sehenswürdigkeiten und Geheimtipps

In diesem Kapitel wird es nun spannend für Sie, denn nun werden Ihnen die spannenden Sehenswürdigkeiten Teneriffas vorgestellt. Sie erwarten auch bestimmte Geheimtipps, die nicht zu den meistbesuchten Orten gehören, jedoch auf ihre Art und Weise Besucher verzaubern können. Bisher haben Sie schon viel über die größte der kanarischen Inseln erfahren und können sich ein Bild machen. Da Ihnen dieser Reiseführer helfen soll, Ihren Urlaub zu planen, können Sie hiermit herausfinden, welche

Orte Sie am meisten ansprechen, und im Voraus Ihre Reise nach Belieben zusammenstellen und planen. Die Infrastruktur Teneriffas sorgt für eine gute Verbindung zu den meisten Orten. Die Nordautobahn TF-5 führt von Santa Cruz aus in die Ferienzentren Puerto de la Cruz und Icod de los Vinos, während die Südautobahn TF-1 entlang der Küste nach Los Christianos, Costa Adeje und Playa de Las Americas führt. Die Bergdörfer der Insel sind meist über asphaltierte Straßen gut zu erreichen. Teneriffa verfügt zudem über ein umfangreiches, öffentliches Busnetz.

Beginnen wir zunächst mit dem Pico del Teide, dem höchsten Berg Spaniens und dem dritthöchsten Inselvulkan der Welt. Vom Meeresboden aus betrachtet, beträgt seine stattliche Höhe etwa 7500 Meter. Er gehört zu dem Gemeindegebiet La Orotava und wurde bis 2018 von 4,8 Millionen Personen besucht. Das Gebiet des Nationalparks wurde 2007 von der UNESCO zum Weltnaturerbe erklärt und in die Liste aufgenommen. Verbringt man seinen Urlaub auf Teneriffa, sollte das Besuchen des Parks auf der To-Do-Liste ganz oben stehen. Jedoch sollte man dafür einen ganzen Tag einplanen, denn die Fahrt dorthin dauert etwas länger, da man um die 3000

Höhenmeter bewältigen muss und die Route teilweise einem Bergpass ähnelt. Die meisten der Straßen sind gut ausgebaut, an manchen Ecken kann einem jedoch etwas mulmig werden. Zudem wird man sich mit vielen Kurven abfinden müssen. Mit jedem Kilometer der Strecke wird man die Veränderung der Natur erkennen, denn je höher man ist, desto mehr Lavagestein wird man entdecken. Im Nationalpark angekommen, gleicht die Landschaft ein wenig einer Mondlandschaft, da es dort oben keine Bäume mehr gibt. Es breitet sich eine fantastische Sicht auf gigantische Felsmassive aus, man fühlt sich, als sei man gerade in ein anderes Land gereist.

Die Landschaft in den Bergen hat nichts mit der Landschaft in Meernähe zu tun. Man könnte es teilweise mit dem Grand Canyon, in Hinblick auf Farbe und Größe der Gesteine, vergleichen. Hat man eine solche Landschaft zuvor noch nicht gesehen, wird man sich in den ersten Momenten etwas überwältigt fühlen. Nach einer Zeit werden Ihnen dann auch die berühmten Natternköpfe auffallen, denn viel mehr wächst hier nicht. Stellt man sich an einen Felsbrocken, wird man zahlreiche Eidechsen entdecken können. Den letzten Teil der Strecke werden Sie nicht mit dem Auto fahren können. Dafür gibt es eine Seilbahn, die 27,50 € pro Person kostet. Wer jetzt denkt, das sei überteuert, dem ist zu raten, dass dem nicht so ist. Man fährt gute zehn Minuten mit der Seilbahn hinauf und der Ausblick, den Sie in diesen Momenten haben werden, wird Sie sprachlos machen. In Ihnen wird sich ein Gefühl der Freiheit ausbreiten, welches Sie eventuell noch nicht erlebt haben. Die Höhen und Weiten sind unfassbar und unvorstellbar, wenn man sich die Seilbahn von unten anschaut. Sind Sie oben angekommen, liegt unter Ihnen der Atlantik und die gewaltigen Gebirgsmassive. Sie befinden sich tatsächlich über den Wolken.

Von diesem Punkt aus kann man bis nach Gran Canaria schauen. Der Gipfel des Vulkans ist zum Greifen nahe. Die letzten 200 Meter dürfen nur mit einer Bescheinigung erklommen werden, da dieser Bereich des Vulkans unter Naturschutz steht. Wer jedoch dort hoch wandern möchte, kann dieses Formular beantragen, dies sollte jedoch ein paar Wochen im Voraus geschehen. Sind Sie wanderbegeistert, können Sie den Vulkan auf bestimmten Wanderwegen auch selbst erklimmen. Hierfür sollten jedoch ein paar Stunden mehr eingeplant werden. Die verschiedenen Punkte des Nationalparks können über ein Netz von 38 offiziellen Wanderrouten erreicht werden. Ein Sonnenuntergang oder Sonnenaufgang wird mit Sicherheit ein unvergessliches Erlebnis bleiben. Befindet man sich dort oben, fühlt man sich, als ob einem die Welt zu Füßen liegt, man steht über den Wolken und es scheint, als würde man über der Insel schweben. Wichtig zu erwähnen ist, dass die Sonne dort oben auf keinen Fall unterschätzt werden darf. In 3500 Metern Höhe herrschen frische Temperaturen, die Sonne ist jedoch umso stärker. Also sollten Sie auf jeden Fall Jacken mitnehmen und Sonnenschutz. Aber auch abseits dieser gewaltigen Höhen erwarten Sie spannende Erlebnisse. Stürzen Sie sich lieber in das kühle Nass, wird der Siam Park das Richtige für Sie sein.

Dieser wirbt nämlich damit, dass er die größte Wasserattraktion in Europa sei. Das Areal des Parks ist 18,5 Hektar groß und im thailändischen Stil gehalten. Der Wasserpark steht in Verbindung mit dem Loro Parque im Norden der Insel. Faszinierend zu wissen ist, dass der Bau des Parks um die 52 Millionen Euro gekostet hat. Der Park hat seit dem 17. September 2008 geöffnet. Die Attraktionen beinhalten unter anderem eine 4-Personen-Rutsche mit bestimmten Lasereffekten und ein Wellenbad, welches über einen künstlich angelegten Sandstrand verfügt. Auch hier kann der Park punkten, denn die Wellenmaschine kann bis zu 4 Meter hohe Wellen erzeugen und ist somit die größte Wellenmaschine Europas. Eines der Highlights ist sicherlich der Tower of Power. Dies ist eine Freefall-Rutsche, die die Besonderheit mit sich bringt, dass sie am Ende mithilfe einer Glasröhre durch ein Haibecken führt.

Reisen Sie mit Kindern, gibt es auch hier in der „Lost-City" ein Wasserspielpark, der etwa 120 Attraktionen enthält. Zu entdecken gibt es noch viele weitere Rutschen und auch eine Seelöwen-Insel. Natürlich ist auch für den kleinen Hunger gesorgt, fünf Restaurants und Bars mit verschiedenen Spezialitäten warten auf Sie. Zudem hält der Siam Park vier Weltrekorde. Er verfügt über die größte Drachenstatue sowie den schnellsten Wasserlift. Auch die größte selbst erschaffene Welle fällt darunter. Zuletzt beherbergt er das größte thailändische Gebäude außerhalb von Asien. Der Eintrittspreis für den Wasserpark beträgt 38 €, für Kinder von 3-11 Jahren 26 €. Diese Preise mögen manche zunächst wieder abschrecken, aber auch hier werden Sie mit Sicherheit nicht enttäuscht. Da der Loro Parque mit dem Siam Park kooperiert, ist es möglich, ein Kombiticket für 58 € zu erwerben, welches den Eintritt zu beiden Parks ermöglicht. Vor Ort kann auch noch ein Shoppingtrip in der besagten Siam Shopping Mall geplant werden. Der Loro Parque ist wohl der bekannteste Park auf den Kanaren. An der bekannten Sendung auf Vox, „Menschen, Tiere und Doktoren", war der Park beteiligt und er hat somit auch in Deutschland einen Namen. Grund dafür ist zudem, dass der Park in den 1970er Jahren von Wolfgang Kiessling aus Köln gegründet wurde. Ursprünglich sollte er einen Papageien-Park darstellen, über die Jahre kamen jedoch einige andere Bewohner hinzu.

Der Loro Parque ist nun ein Zoo und befindet sich im Norden der Insel. Auch dieser Park zeichnet sich durch weltweite Berühmtheit aus, denn er umfasst die weltgrößte Papageiensammlung mit der nicht öffentlichen Zuchtstation, welche die größte Genreserve der Welt darstellt. Im Jahre 1987 wurde dem Park ein Delphinarium hinzugefügt. Es gibt seit 1992 zudem eine Gorillaanlage und seit 1999 ein Pinguinarium. Heute kann man noch viele weitere

Tiere bewundern, beispielsweise weiße Tiger, Orcas und Krokodile. 2017 und 2018 hat der Park den Preis „Travellers´ Choice" erhalten, der den Park als besten Zoo der Welt auszeichnet. Nicht nur die gebotenen Shows und Attraktionen tragen dazu bei, sondern auch das Wohl der Tiere. Die Delphin- und Orcashows sind sehr beeindruckend, die Seelöwenshow muss jedoch jeder, der den Park betritt, einmal gesehen haben. Die Show ist einmalig und lustig gestaltet. Der Preis für ein Ticket ist hier ebenfalls etwas höher, aber auch hier lohnt es sich, das Geld zu investieren. Ohne das Kombiticket kostet der Eintritt 34 €. Gehen wir zurück in den Süden, können Sie einen Ort entdecken, der von viel Leben ausgezeichnet und für sein Nachtleben bekannt ist, Playa de las Américas. Die meisten Sandstrände auf Teneriffa sind aufgrund des Lavagesteins schwarz.

An diesem Strand ist dies anders, hier werden Sie weißem Saharasand begegnen. Wer Ruhe haben möchte, ist hier jedoch falsch. Playa de las Américas ist bekannt für seine lebhafte Seite mit vielen Nachtclubs und der großen Anzahl an Touristen. Der natürliche Flair Teneriffas geht hier etwas verloren, da der Ort durch die vielen Touristen geprägt ist.

Macht Ihnen dies nichts aus, dann werden Sie sich auch hier sehr wohlfühlen. Für die sportlichen Menschen unter Ihnen könnte der Strand von El Médano genau das Richtige sein. Er liegt in einer kleinen Bucht an der Südostküste Teneriffas. Der Strand dort eignet sich zum Kitesurfen oder auch zum Surfen. Dieser Ort ist etwas ruhiger und hält auch einen alten kleinen Fischerhafen für Sie bereit. Betrachten wir weiter die Strände, führt auch kein Weg am Strand Playa de la Arena vorbei. Er ist Teil der Gemeinde Santiago del Teide.

Dort werden Sie imposante Wohnsitze und Ferienanlagen vorfinden. Hier begegnet uns auch zum ersten Mal der schwarze Sandstrand. Hier bietet sich eine kontrastreiche Kulisse, die auch durch die Touristen geprägt wurde. Viele der Menschen wissen aber nicht, dass es noch einen Strand gibt, der denselben Namen trägt. Dieser ist jedoch weitaus verlassener und nicht von Touristen überfüllt. Dieser Strand Playa de la Arena gehört zur Gemeinde Tacoronte. Um dorthin zu gelangen, müssen Sie jedoch einige Serpentinen hinter sich bringen. Dort angekommen, werden Sie Süßwasser-Duschen sowie Toiletten vorfinden und mit einem tollen Blick auf das

Meer belohnt. Sind Sie eher der Typ für die abgelegenen Orte, dann werden wir gleich noch mehr Ihren Geschmack treffen. Ein weiterer Schritt in diese Richtung geht der Playa de las Teresitas im Nordosten von der Insel. Das Besondere an diesem Strand ist, dass er 80 Meter breit ist und sich der goldgelbe Sand über fast 2 Kilometer erstreckt. Dieser Strand ist nicht Teil eines touristischen Zentrums, sondern wirkt teilweise eher verlassen. An dem Strand befinden sich traumhafte Palmen, die für ein karibisches Flair sorgen. Im Norden schließt sich das Anagagebirge an. Ursprünglich gab es auch hier schwarzen Sand, dieser wurde aber mit weißem Saharasand überdeckt. Durch den ruhigen Wellengang ist dieser Strand vor allem auch familienfreundlich. Diesen Strand könnte man schon als Geheimtipp ansehen, denn die Stadtverwaltung von St. Andres setzt sich gegen den Bau von Hotelanlagen ein. Dieser Ort bleibt somit vom Massentourismus verschont. Gehen wir noch einmal auf die andere Seite der Insel, erwartet Sie in Puerto de la Cruz ein besonderes Schwimmbad.

Es ist ein Komplex bestehend aus Restaurants, Bars, einem Kasino und einer künstlich angelegten

Meerwasserlagune unterhalb des Meeresspiegels. Das Schwimmbad heißt Lago Martinez und reicht zudem in Form einer Landzunge in das Meer hinein. Für den Eintrittspreis von 5,50 € werden einem verschiedene Pools und eine tolle Aussicht in unmittelbarer Nähe zum Atlantik geboten.

Der letzte bekannteste Punkt unter den Sehenswürdigkeiten auf Teneriffa sind die Pyramiden von Güimar. Dabei handelt es sich um sechs rechteckig langgestreckte, pyramidenförmige Terrassenbauten. Wer unter Ihnen gerne in Museen geht oder Gärten besucht, für den ist dies genau das Richtige. Das Ganze wird mithilfe eines Audio-Guides geleitet und startet zunächst in einem Museum. In dem darauffolgenden Garten erfährt man viel über die Vegetation dort. Gegen einen Aufpreis kann auch der Giftgarten besucht werden. Der Giftgarten umfasst mehr als 70 giftige Pflanzen aus aller Welt. Die Preise fangen bei 12,50 € an, werden aber beispielsweise bei einem zusätzlichen Besuch des Giftgartens etwas teurer. Die Masca-Schlucht wurde bereits in diesem Buch erwähnt. Viele Touristen werden erst gar nicht auf diesen wunderbaren Ort aufmerksam, denn die Vorschläge der Hotels für Ausflüge werben für die meistbesuchten Orte, da geht Masca meist unter. Viele werden jetzt denken, dass die meisten Menschen heutzutage über Google verfügen – richtig, der Ort scheint für viele jedoch unattraktiv, dementsprechend werden Sie dort auch nicht viele Touristen antreffen. Wie für die meisten Unternehmungen benötigen Sie einen Leihwagen. Es lohnt sich an dieser Stelle, etwas mehr auszugeben, denn ein kleiner günstiger Ford Fiesta tut sich an den steilen Straßen sehr schwer. Die engen Serpentinen nach Masca hinauf sind auch nicht jedermanns Sache, für Abenteurer ist hier jedoch einiges geboten.

Auch hier werden einige Höhenmeter zurückgelegt und meist geht es neben den Hängen der Straßen mehrere 100 Meter weit hinunter. Gegenverkehr sorgt in den Kurven für Nervenkitzel, denn besonders breit sind die Straßen hier nicht. Trotzdem kann man die Schlucht gut erreichen und auch der Weg dorthin belohnt schon allein durch den Ausblick. Ist man angekommen, macht sich paradiesische Stimmung breit. Das kleine Bergdorf liegt fernab von jeglichem Alltagsstress oder sonstiger Schnelllebigkeit. Schaut man in das Tal hinab, sieht man hunderte von Palmen und durch die Klippen das erfrischende Blau des Atlantiks. Die Zeit scheint dort still zu stehen. Ein weiteres Highlight, das vielen Personen vorenthalten bleibt, ist die Cueva del Viento. Dies ist eine 17 Kilometer lange Höhle, die längste Lavahöhle Europas. Diese atemberaubende Naturkulisse ist jedoch nur begrenzt für Touristen zugänglich, aber auch dieser Teil ermöglicht einen einzigartigen Einblick. Hier ist jedoch eine offizielle Führung notwendig. Das Ökosystem dieser Höhle ist sehr empfindlich, deswegen finden täglich nur vier Führungen statt. Die Tickets sollten aus diesem Grund bestenfalls im Vorfeld reserviert werden. Die Tickets kosten 20 €, ob Ihnen dies als preiswert erscheint, müssen Sie selbst entscheiden. Der nächste Geheimtipp könnte für Wanderer sehr nützlich sein, denn dort werden Sie in den Höhen verborgene Wanderwege entdecken können und wahrscheinlich keinem Menschen begegnen. Das Anagagebirge am nördlichsten Zipfel der Insel hält einige Überraschungen bereit.

Es werden Sie wunderbare Wanderwege zwischen urzeitlichen Lorbeerwäldern und der malerischen Küste erwarten. Diese Wanderwege sind jedoch nicht sonderlich gut ausgeschildert und aus diesem Grund werden Sie dort oben nicht viele

Menschen antreffen. Hier benötigen Sie auch wieder einen Mietwagen, um an dieses Ziel zu gelangen. Sie fahren Richtung Taganana und können Ihr Auto dort parken. Nach einem anstrengenden Wandertag verspüren Sie wahrscheinlich Lust auf einen erfrischenden Drink. Die Sunset 290 Bar liegt oberhalb der Stadt Puerto de la Cruz an einem Hang. In dieser ausgefallenen Bar genießt man seinen Cocktail am besten zum Sonnenuntergang. Die Bar hält auch leckeres Essen für Sie bereit. Am besten parken Sie am Rand der Autobahn und nutzen den kostenlosen Service, sich mit einem Jeep zur Bar fahren zu lassen.

Wenn Sie gerne noch einmal einen Tag in der Berglandschaft Teneriffas verbringen wollen, dann gibt es die Möglichkeit, auf ca. 1556 Metern Höhe den Aschenkegel „Chinyero" zu besichtigen. Er befindet sich in den Ausläufern das Teide Nationalparks. Der Vulkan ist 1909 das letzte Mal ausgebrochen, was somit auch die letzte Eruption auf der Insel war. Es gibt auch hier wieder wunderschöne Wanderwege, die Sie direkt nahe an die Spitze des Kegels heranführen werden. Von hier aus haben Sie zudem noch einmal einen unvergesslichen Blick auf den Teide Vulkan. Auch der Chinyero wird aufgrund seiner Höhe oftmals über den Wolken liegen. Hier sollte auch unbedingt wieder an ausreichend Sonnenschutz gedacht werden, da die Sonneneinstrahlung sehr hoch ist. Die beste Zeit für eine Wanderung ist hier direkt morgens oder am späten Nachmittag. Möchten Sie von hier den Sonnenuntergang anschauen, dann wird Ihnen ebenfalls ein tolles Erlebnis bevorstehen. Wichtig zu wissen ist, dass man auf dem Weg mit dem Auto dorthin sehr vorsichtig fahren muss, denn die Straßen dort sind nicht asphaltiert und die meisten Autovermieter auf Teneriffa haben keine Versicherung von Reifenpannen in ihrem Paket enthalten. Du kannst diese jedoch gegen einen Aufpreis dazu buchen.

Bevor Sie La Montaneta erreichen, geht die Straße in einen Schotterweg über, ab diesem Punkt müssen Sie sehr vorsichtig fahren. Alternativ können Sie das Auto am Rande des Weges parken und die ca. 2,6 Kilometer zu Fuß laufen. Während der Fahrt hinauf zu dem Aschenkegel können Sie bereits die ausgefallene Natur bewundern. Beispielsweise wachsen zwischen den Lavasteinen Pinienbäume, die für eine einmalige Kulisse sorgen. Zunächst führt ein Wanderweg hinauf in den Pinienwald, nach ca. 30

Minuten kommt man an eine Kreuzung. Dort sollten Sie den Weg nach rechts wählen, denn der offizielle Wanderweg geht nur geradeaus. Zu Beginn des Weges nach rechts sieht man eine Schranke, dieser Weg ist auch offiziell, jedoch ist er nicht als Wanderweg gekennzeichnet. Dieser Weg führt Sie direkt hinter die Spitze des Kegels. Leider kann man den Rundweg nicht über die anderen offiziellen Wege beenden, sondern muss den gleichen Weg zurückgehen. Diese Tour dauert ca. 2,5 Stunden. Begeben wir uns wieder hinunter ans Meer, lassen sich dort die wunderschönen Naturpools noch als weiterer Geheimtipp finden. Die bekannten Naturpools Garachico und El Sauzal sind meist recht voll, im gemütlichen Ort San Juan de la Rambia findet man einen weniger besuchten Naturpool. Die Nutzung ist hier kostenfrei.

Die Naturpools bildeten sich aus Lava, die ins Meer geflossen und erkaltet ist. Daraus bildeten sich dann die Naturpools aus Lavagestein. Der besagte Pool nennt sich Charco de la Laja und ist etwa 1,40 Meter tief. Für den Besuch ist es wichtig, zu wissen, zu welcher Uhrzeit Ebbe ist. Dies kann man online ganz einfach nachschauen. Denn bei hohem Wellengang und Flut sollte man den Naturpool nicht betreten. Der Pool wird durch die Wellen komplett überschwemmt und das kann für Menschen, die sich zu dieser Zeit im Pool aufhalten, sehr gefährlich sein. Nach dem Bad im Pool können Sie noch die kleine Altstadt von San Juan de la Rambia besichtigen, dort werden Sie auch wieder einige Restaurants zur Stärkung vorfinden.

Ein weiterer interessanter Ort auf Teneriffa ist die Geisterstadt in Abades. Mögen Sie gerne unkonventionelle Orte, wird Ihnen dieser verlassene Ort gefallen. Dabei handelt es sich um ein riesiges Gelände mit einem atemberaubenden Blick auf das Meer, auf dem ursprünglich eine Klinik für Lepra-Kranke entstehen sollte. Der Bau der Klinik startete bereits im Jahr 1944, jedoch konnte die Medizin vor Eröffnung des Krankenhauses ein Heilmittel entwickeln, somit wurde der Bau kurz vor der Beendigung gestoppt. Die Bundeswehr nutzte es bis 2001 als Übungsplatz, somit steht das Gebäude seit 2001 komplett leer und verrottet immer mehr. Hierbei handelt es sich zwar nicht um ein offizielles Touristenziel, jedoch ist das Gelände nicht abgesperrt und kann von jedem betreten werden. Dennoch erfolgt das Betreten der Geisterstadt auf eigene Gefahr. Dort werden Sie etwa 30 Ruinen erwarten, die mit Graffiti verschönert wurden. Auf dem höchsten Punkt der Geisterstadt befindet sich das Highlight des Ortes, die Kirche, welche selbst von der Autobahn schon zu sehen ist. Wer sogenannte „Lost Places" mag, für den lohnt sich ein Besuch dieses Ortes. Für den Besuch sollten Sie ca. 1 bis 1,5 Stunden einplanen.

Der Eintritt ist natürlich kostenlos. Für die Architekturbegeisterten unter Ihnen wird das Highlight „MAGMA" an der Costa Adeje, oberhalb von Playa de las Américas, für Begeisterung sorgen. Das MAGMA Art & Congress ist ein Gebäude, welches zu großen Teilen aus Beton und Lavagestein besteht. Die Entwürfe von dem Architekten Fernando Menis wurden 2005 in diesem Gebäude verwirklicht. Hier finden nun größtenteils Veranstaltungen und Konzerte sowie Kongresse statt. Für Besucher ist die sogenannte MAGMA-Tour vorgesehen. Diese findet auf Englisch statt und dauert ca. eine Stunde. Die Tour ist jedoch nicht nur für Architekten interessant, sondern kann auch andere Besucher faszinieren. Der Eintritt kostet für Erwachsene 10 € und für Kinder 6 €. Die Tour findet von Montag bis Freitag jeweils um 11 Uhr statt. Von hier aus kann der Siam Park mit seiner Shoppingmall ebenfalls gut erreicht werden, falls man danach noch weitere Ausflüge planen möchte. Zuletzt wird Ihnen im Folgenden die Hauptstadt Teneriffas, Santa Cruz de Tenerife, vorgestellt. Auch hier gibt es einige Ausflugsmöglichkeiten. Die Stadt ist sehr schön gelegen, denn sie liegt direkt am Atlantik und nördlich grenzt das Anagagebirge an. Hier wird Sie wieder eine malerische Kulisse erwarten, da die Häuser der Stadt vor den Bergen stehen. Santa Cruz wurde 1496 gegründet, war jedoch zu dieser Zeit noch nicht die Hauptstadt der Insel, da zu dieser Zeit häufig Piratenangriffe getätigt wurden und die Stadt meist der erste Angriffspunkt war. Jedoch gehörte Santa Cruz damals schon zu den wichtigsten Häfen von Spanien.

Fährt man unterhalb Santa Cruz entlang, wird man viel Industrie sehen, sowohl an Land als auch im Meer. Im Folgenden werden Ihnen die modernen Seiten sowie die grünen Seiten der Stadt vorgestellt. Beispielsweise gilt das Auditorium als eines der schönsten Gebäude auf der ganzen Insel, Ihnen werden aber auch einige historische Sehenswürdigkeiten begegnen. Das eben erwähnte Auditorium ist einen Besuch wert. Die Form des Gebäudes erinnert ein wenig an das Sydney Opera House. Das Gebäude wird für Konzerte und Musikveranstaltungen genutzt, welche auch regelmäßig stattfinden. Es wurde 2003 eröffnet und von dem Architekten Santiago Calatrava entworfen. Möchten Sie das Auditorium auch von innen anschauen, können Sie eine Führung buchen oder Karten für ein Konzert kaufen.

Die Führungen finden täglich, außer sonntags, jeweils von 10 bis 16 Uhr statt. Die Führung ist sehr kostengünstig für 5 € verfügbar. Die Sprachen sind hierbei entweder Englisch oder Spanisch. Das Innere dieses Gebildes wirkt überwältigend, imposant und wunderschön zugleich. Das Gebäude liegt direkt am Meer und man kann einmal rund herum gehen. Schaut man hinab auf das Meer, kann man einige kunstvolle Wellenbrecher sehen. In der Nähe des Auditoriums befindet sich das Palmetum. Hier werden Sie die größte Palmensammlung Europas vorfinden, die mehr als 400 Palmen-Arten der ganzen Welt beherbergt. Zudem gibt es noch weitere 2000 Pflanzen, die bewundert werden können. Es ist kaum zu glauben, dass auf diesem Gelände in den 70er Jahren eine Mülldeponie vorzufinden war. Nach der Schließung fingen ab 1996 die Umgestaltungen zu einem

Palmengarten an. Vor 50 Jahren hätte man sich nicht vorstellen können, dass dieser Ort einmal der grünste Ort von ganz Santa Cruz sein wird. Dieser botanische Garten ist etwa 40 Meter hoch, sodass Sie von diesem Punkt aus einen tollen Blick auf Santa Cruz und das Meer haben werden. An diesem Platz herrscht eine wunderbare Ruhe, die einen völlig entspannen lässt. Würde man auf der Insel wohnen, würde man hier sehr wahrscheinlich nach einem stressigen Arbeitstag seine Ruhe suchen – jedoch nur, wenn man vor 18 Uhr Feierabend hat, denn das Palmetum hat täglich von 10 bis 18 Uhr geöffnet. Auch die 6 € Eintritt würden Sie wahrscheinlich nicht jeden Tag bezahlen. Trotzdem ist der Eintrittspreis es wert, denn der Ausblick und die Wasserfälle inmitten von Palmen werden Sie alles vergessen lassen. Das verlockende Blau des Atlantiks wird Ihre Lust auf ein erfrischendes Bad im kühlen Nass steigern. Hier ist der Parque Maritimo genau richtig.

Das Schwimmbad befindet sich zwischen dem Palmengarten und dem Auditorium. Es befindet sich auch direkt am Meer und durch die weiße Gestaltung der Anlage kommt das Türkis des Wassers perfekt zur Geltung. Das Schwimmbad ist auch bei den

Einheimischen sehr beliebt, was bedeutet, dass es an Feiertagen und in den Schulferien recht voll werden kann. Das Schwimmbad bietet zwei sehr große Schwimmbecken, Liegestühle und Sonnenschirme. Auch ein Bistro ist vorhanden und sogar Outdoorfitnessgeräte. Im Schwimmbad werden Sie auch einige Kunstwerke bewundern können. Pro Person kostet der Eintritt 2,50 €, Kinder bis 12 Jahre zahlen nur 1,50 € pro Besuch. Die Öffnungszeiten erstrecken sich täglich von 10 bis 19 Uhr.

Der Plaza de Espana ist der bekannteste Platz in Santa Cruz. Der große Schriftzug „Santa Cruz" in der Mitte des Platzes stellt ein beliebtes Fotomotiv dar. Auf dem Platz befindet sich ein künstlich angelegter Teich mit einer Fontäne und mehreren Bänken, die zum Verweilen einladen. Auf der einen Seite des Platzes befindet sich zudem ein großes Kriegs-Denkmal namens „Monumento a Los Caidos" und soll an die Gefallenen im nationalen Liberalisierungs-Krieg erinnern. Das Denkmal befindet sich dort seit dem Jahr 1944. Während man tagsüber auf dem Patz vor allem Touristen trifft, erwacht der Platz abends und an den Wochenenden zum Leben. Es finden zudem immer einmal kleine Veranstaltungen und Feste an diesem Ort statt. Der Platz liegt sehr zentral und bietet in der Umgebung einige Parkmöglichkeiten, sodass er sich als sehr guter Ausgangspunkt eignet, um die Stadt zu erkunden. Von diesem Punkt aus gelangt man gut in die Altstadt sowie zum Hafen der Stadt. Die Altstadt verfügt über eine große Fußgängerzone und zahlreiche Geschäfte sowie Restaurants und Cafés. Das Flair von Teneriffa kommt hier sehr gut zur Geltung, vor allem ist sie liebevoll gestaltet und auch sehr grün. Auf Ihrer Entdeckungsreise durch die Stadt werden Ihnen noch weitere schöne Plätze begegnen, darunter Parkanlagen und auch das große Shoppingcenter „Centro Comercial Meridiano". Aber auch einige Museen werden Ihnen begegnen, beispielsweise das „Museo de la Naturaleza y el Hombre", das über die kanarische Kultur einige interessante Fakten zu erzählen hat. Mit diesem Kapitel konnten wir Ihnen einige interessante Orte vorstellen und kommen nun an den Punkt der Planung Ihrer Reise.

Die Planung der Reise

D as letzte Kapitel soll Ihnen nun einen guten Überblick über die Hotels und Unterkünfte der Insel verschaffen sowie über die Planung des Budgets. Sie konnten nun in die Welt Teneriffas eintauchen und ein paar Dinge entdecken, die Ihnen vielleicht besonders gut gefallen haben. Natürlich ist es nicht möglich, alle Sehenswürdigkeiten und Attraktionen in einem 1-2-wöchigen Urlaub besuchen zu können, wenn man noch ein wenig Entspannung am Pool haben möchte, jedoch haben Sie

nun die Möglichkeit, im Voraus ihre Favoriten auszuwählen und zu planen. Für die Planung einer Reise
steht das Budget natürlich im Vordergrund. Dieser
Reiseführer wird Ihnen an dieser Stelle preiswerte
Varianten vorstellen. Mit Kostenschwankungen
müssen Sie nicht rechnen, denn Teneriffa gehört zur
Europäischen Union, das heißt, hier werden Sie auch
mit dem Euro bezahlen können.

Große Unterschiede bezüglich der Kosten hängen davon ab, ob Sie eine Pauschalreise buchen oder
ob Sie individuell verreisen. Bei den zahlreichen Angeboten der Pauschalreisen kann man die Kosten
vorab besser kalkulieren, da sie meist All-Inclusive
oder Halbpension enthalten. Bei Reisen mit einer Ferienwohnung oder einem AirBnB-Apartment mit
Selbstverpflegung muss im Vorhinein gut kalkuliert
und selbst zusammengerechnet werden. Einen Mietwagen können Sie im Hotel oder direkt am Flughafen
buchen, wobei es meist billiger ist, den Wagen direkt
am Flughafen oder vor Antritt der Reise zu buchen.
Im vorherigen Kapitel wurde erwähnt, dass es sinnvoll ist, in einen etwas größeren Wagen bzw. einen
Wagen mit mehr Leistung zu investieren, da die Straßen in den Bergen sehr steil sind. Generell

bekommen Sie einen kleinen Mietwagen (Opel Corsa) am Flughafen für eine Woche bereits schon ab 100 €. Für einen längeren Mietzeitraum bekommt man ein Auto mit Vollkasko-Versicherung bereits für weniger als 10 € pro Tag. Dies gilt jedoch auch nur für Kleinwagen. Vergleichsportale können Sie bei der Auswahl gut unterstützen. Die Benzinpreise sind auch vergleichsweise günstig, teilweise kostet ein Liter Benzin nur einen Euro. Typisch ist hier auch, dass ein Tankwart das Auto tankt. Für die Selbstversorger unter Ihnen kann man sagen, dass die Preise in den Supermärkten ungefähr den Preisen in Deutschland entsprechen. Manche Produkte sind etwas billiger, manche Produkte etwas teurer.

Dort gibt es auch die Supermarktkette Lidl, die der Produktauswahl in Deutschland gleicht. Sonnencreme sollte jedoch genügend vor dem Urlaub gekauft werden, da diese hier aufgrund der vielen Touristen, die diese oft nachkaufen, recht teuer ist. Wichtig zu wissen ist, dass es auf Teneriffa kein Pfand-System gibt. Die meisten Produkte werden jedoch auf den Kanarischen Inseln selbst angebaut. Möchten Sie in einer Ferienwohnung übernachten, sollten Sie pro Nacht im Durchschnitt 28,18 €

einplanen. Die Unterkunft allein ist günstiger als ein Hotel, jedoch rechnet sich dies nur, wenn man ansonsten sparsam lebt. Zudem gibt es in den Wohnungen keinen Reinigungsservice, also müssen Sie selbst putzen. Welche Variante für Sie besser passt, müssen Sie selbst entscheiden, bei beiden gibt es Vor- und Nachteile. Bei einer Pauschalreise ist der Flug meist schon inbegriffen und auch etwas günstiger. Zunächst muss auch entschieden werden, ob Sie Ihre Reise bzw. Ihre Unterkunft im Süden oder Norden buchen wollen. Im Norden der Insel befindet sich das 4-Sterne-Hotel Tigaiga. Es ist ein etwas kleineres Hotel mit 76 Zimmern. Das Hotel ist umgeben von einem subtropischen Garten und liegt im Taoro Park. Es ist das Richtige für Sie, wenn Sie Erholung und Ruhe suchen. Es überzeugt vor allem mit seinem herzlichen Charme und der beruhigenden Atmosphäre.

Man hat von dort aus einen herrlichen Panoramablick auf das Orotavo-Tal über den Teide bis zum Atlantik hin. Das Hotel verfügt über eine riesige Gartenanlage, die zum Entspannen einlädt. Die Zimmer des Hotels sind modern eingerichtet und verfügen über einen Balkon oder eine Terrasse. Für ein

Standard-Doppelzimmer ohne Verpflegung bezahlen Sie ca. 760 € in der Hauptsaison, pro Person also etwa 380 €. Zudem ist das 5-Sterne-Hotel Botanico & The Oriental Spa Gardens ebenfalls ein traumhaftes Domizil. Das Hotel befindet sich in Puerto de la Cruz und gehört zu den „Leading Hotels of the World". Es zeichnet sich durch ein luxuriöses Flair aus, ist zudem von einem thailändischen und asiatischen Flair geprägt und verfügt auch über eine prachtvolle Gartenanlage und einen Wellnessbereich. Der Spa verfügt über eine Fläche von 3.500 m² mit Saunalandschaften, Whirlpools sowie Thermalbädern oder Ruheräumen mit Wasserbetten.

Hier wird Ihnen eine maximale Servicequalität geboten. Dieses Hotel ist etwas größer und hat eine Anzahl von 252 Zimmern und Suiten. Zudem gibt es dort drei Süßwasserschwimmbäder und fünf Restaurants. Natürlich gehört dies nicht zu den günstigsten Varianten, jedoch lohnt es sich an dieser Stelle, ein wenig tiefer in die Tasche zu greifen. In der Hauptsaison kostet dieses Hotel für eine Woche inklusive Frühstück pro Person ca. 645 € – also in etwa das Doppelte als das vorherige Hotel. Allgemein ist jedoch bei der Buchung eines Hotels eine

Pauschalreise zu empfehlen, da dort auch günstige All-Inclusive-Angebote zu ergattern sind. Bevor wir Ihnen ein paar Angebote von Pauschalreisen vorstellen, werden Ihnen nun noch zwei Hotels im Süden der Insel vorgestellt. Das Hotel Barcelo Santiago mit 4 Sternen liegt direkt in der Felsenküste über dem Meer und bietet einen traumhaften Blick auf die Insel La Gomera, auf den Atlantik sowie auf die Klippen von Los Gigantes.

Dieser Blick weitet sich auch von Ihrem Zimmer aus, sofern Sie ein Zimmer mit Meerblick buchen möchten. Aber auch von den Pools, der Sonnenterrasse und dem Speisesaal werden Sie diesen wunderbaren Blick genießen können. Der Strand ist hier auch nur 200 m entfernt, was bei den anderen Hotels im Norden nicht der Fall ist. Zudem verfügt das Hotel über einen Wellnessbereich, wo Sie neue Kraft schöpfen können. In der Hauptsaison liegt der Preis pro Woche für ein Zimmer ohne Verpflegung bei 733 €, also knapp 370 € pro Person. Das zweite Hotel im Süden der Insel heißt Gran Melia Palacio de Isora und ist ein 5-Sterne-Hotel. Es befindet sich in der Gemeinde von Guia de Isora. Auch hier ist die Anlage des Hotels ein Traum. Hier verschmilzt luxuriöses

Flair mit persönlichem Ambiente und sorgt für eine angenehme Atmosphäre. In diesem Hotel werden keine Wünsche offengelassen. Neben dem Wellness-bereich wird Sie der große Salzwasser-Eternity-Pool verwöhnen. Der wundervolle Blick auf das Meer wird Ihnen bei den Sonnenuntergängen eine beson-dere Wohlfühlatmosphäre vermitteln. Das Beson-dere an diesem Hotel ist, dass es eine Kinderbetreu-ung und für Eltern und Kinder einen neuen Bereich mit einer Lounge-Zone und einer Open Bar gibt. Die-ses Hotel ist somit sehr familienfreundlich.

Pro Person wird Sie dieses Hotel etwa 635 € in der Hauptsaison kosten. Aber auch die Zimmer sind modern eingerichtet und in einem sehr guten Zu-stand. Für die Flüge müssen Sie in der Hauptsaison pro Person um die 200 € einplanen, Hin- und Rück-flug sind in den 200 € eingeplant. Wenn Sie den Miet-wagen erst am Hotel buchen möchten, bieten die meisten Hotels glücklicherweise einen Hoteltransfer an. Je nach Hotel ist der Transfer jedoch nicht kos-tenlos, in den Pauschalreisen ist er aber meist inbe-griffen. An dieser Stelle werden Pauschalreisen für Teneriffa in diesem Reiseführer als sinnvoll erachtet und empfohlen. Bucht man Hotel, Flug, Verpflegung usw. getrennt voneinander, werden die Kosten höher sein. Natürlich kann man seine Reise individueller buchen und seinen Bedürfnissen besser anpassen, da bei einer Pauschalreise meist nicht viel Spielraum vorhanden ist. Jedoch muss man wissen, dass die Angebote der Pauschalreisen meist sehr fair sind, wenn man genau darauf achtet, welche Konditionen enthalten sind. Wie bei allem müssen Sie auch dort genau lesen, was Sie buchen, denn tun Sie das nicht, könnte Ihr Urlaub sehr unschön werden. Achtet man jedoch genau auf die Beschreibungen oder geht man in das Reisebüro seines Vertrauens, wird man sehr viele gute und günstige Angebote finden. Online-Vergleichs-Portale, wie beispielsweise Check24 oder TUI, eignen sich dafür sehr gut und sind auch sehr vertrauenswürdig.

Im Folgenden wird Ihnen nun eine Pauschalreise für eine Woche in der Hauptsaison vorgestellt. Der Reisezeitraum wird sich hier auf den 18.07. bis 25.07. beziehen und zwei Personen umfassen. Zudem wird davon ausgegangen, dass die Reise Anfang des Jahres gebucht wird und somit viele Frühbucher-Rabatte beansprucht werden können. Das genutzte Vergleichsportal ist Check24. Die Region wird beliebig gewählt, da die Preise im Süden und Norden weitestgehend gleich sind. Es wurde sich für das Hotel „Sunlight Bahia Principe San Felipe" in Puerto de la Cruz entschieden, da dieses im Norden relativ zentral liegt und sich in Strandnähe befindet. Ursprünglich sollte dieses Hotel ohne den Frühbucher-Deal 2.216 € für zwei Personen in diesem Zeitraum kosten, der neue Preis beträgt 1.524 €, also pro Person 762 €. Auch hier wird es weitere Angebote geben, die den Preis eventuell etwas erhöhen können.

Beachtet man, dass in diesem Preis bereits Flug und Verpflegung in Form von All-Inclusive inbegriffen sind, wird man schnell den preislichen Unterschied sehen, der bei den zuvor vorgestellten Hotels aufkommt. Bereits für das Hotel muss man ca. 600 € pro Person einplanen, wenn man etwas Komfort haben möchte. Klar geht dies auch billiger, jedoch wird man einige Abstriche tätigen müssen, die man bei den Hotels der Pauschalreisen nicht unbedingt machen muss. Hier wird schon deutlich, dass sich eine Pauschalreise finanziell lohnen kann. Schauen wir uns das ausgewählte Hotel näher an, wird deutlich, was das Hotel alles zu bieten hat. Es verfügt über eine traumhafte Aussicht auf den Atlantik und den

Pico del Teide. Zudem ist die Anlage nur wenige Schritte vom Strand entfernt. Laut den Bewertungen waren die Gäste bisher von der Lage, dem Service und dem Wellnessbereich des Hotels sehr zufrieden. Besonders werden auch die Sauberkeit und die tolle Menüauswahl hervorgehoben. Allgemein wirbt das Hotel mit einem familienfreundlichen, modernen und entspannenden Ambiente. Auch in der Zielgruppe schließt es keine Personen aus. Es soll für Kinder, Paare und Senioren geeignet sein.

Die Hotelzimmer sollen ebenfalls modern ausgestattet sein und einen tollen Blick auf das Meer oder den Pico del Teide bieten. Im All-Inclusive-Angebot sind Snacks, lokale alkoholische und nicht alkoholische Getränke inbegriffen sowie das Abendbuffet, Frühstücksbuffet und das Mittagsbuffet. Dieses Hotel verfügt über alles, was man von einem Hotel erwartet, sogar über diverse Sportmöglichkeiten, zwei Pools und einen Kinderpool. Zudem gibt es bestimmte Unterhaltungsmöglichkeiten, wie beispielsweise Shows am Abend oder Tagesanimationen. Des Weiteren wird man hier auch Bars vorfinden, an denen man den Abend ausklingen lassen kann. Die Rezeption hat einen 24h-Service, sodass man zu jeder

Uhrzeit gut versorgt ist. Schaut man sich nun die verschiedenen Angebote für eine Pauschalreise dieses Hotels an, wird man feststellen, dass die Preise etwas höher ausfallen können als der genannte Anfangspreis. Der erste Preis beinhaltet zwar alles Genannte, jedoch wird bei diesem Angebot kein Hotel-Transfer angeboten und es kann nicht bis zu einem bestimmten Termin kostenlos storniert werden. Sollten Sie sich Ihrer Reise sicher sein und einen Mietwagen am Flughafen mieten, sollte das Angebot für 762 € für Sie dennoch attraktiv sein und der Buchung sollte nichts im Wege stehen.

Der Abflugort wäre hier Köln-Bonn, wobei an dieser Stelle auch wichtig zu erwähnen ist, dass die Abflugsorte den Preis etwas verändern können. Bei Pauschalreisen können die Zeiten des Flugs oft etwas blöd ausfallen, da hier die günstigste Variante ausgewählt wird. Teilweise ist es gegen einen Aufpreis möglich, die Zeiten selbst auszuwählen. Für die Anreise ist es wichtig, zu wissen, dass Teneriffa zwei Flughäfen besitzt. Der Flughafen Teneriffa Süd wird von den meisten Fliegern mit Touristen angesteuert. Vom Flughafen Teneriffa Nord starten vor allem Flugzeuge, die andere Kanarische Inseln als Ziel haben. Möchte man nun gerne den Hotel-Transfer inklusive haben, wird einem hier ein Angebot von 769 € pro Person angezeigt. Man muss also genau hinschauen, denn meist sind solche zusätzlichen Konditionen nicht viel teurer. Bei jeder Buchung kann eine sogenannte Reiserücktrittsversicherung dazu gebucht werden, auch hier müssen pro Person nur ca. 50 € dazu gerechnet werden. Zudem wird Ihnen bei allen Angeboten der beste Preis bzw. eine Preis-Leistungs-Empfehlung angezeigt.

Meist können Sie diesen Angeboten vertrauen. Jedoch auch hier wieder das Appell: Genau Lesen! Neben unserem Angebot von 762 € pro Person wird hier laut der Preis-Leistungs-Empfehlung ein Angebot von 899 € pro Person angezeigt. Dies wirkt auf Sie im ersten Moment bestimmt teuer im Gegensatz zu dem anderen Angebot, jedoch müssen Sie den Vergleich zu dem ziehen, was Ihnen geboten wird. Bei dem teureren Angebot ist eine Suite statt eines normalen Doppelzimmers im Preis enthalten sowie der Hotel-Transfer. Zusätzlich kann man noch einen Monat lang kostenlos stornieren. Zuletzt kommt hinzu, dass Sie pro Person einen Aktionsrabatt von 75 € bekommen. Wägt man die Angebote also gegeneinander ab, wird man für ca. 100 € mehr wesentlich mehr bekommen. Da die meisten Leute der Preis im Gegensatz zu dem anderen Angebot erst einmal abschreckt, raten wir auch an dieser Stelle, erst einmal genau zu lesen, denn dadurch lässt sich viel sparen und einiges gewinnen. Sie sehen also, wie sehr sich eine Pauschalreise in diesem Fall lohnen kann. Man bekommt mindestens die gleiche Leistung eines Hotels und meist viele preiswerte Konditionen hinzu, die man im Einzelpreis nicht mehr bezahlen kann.

Im Hinblick auf die Pauschalreisen kann man sagen, dass man sogar noch günstigere Angebote ergattern kann. Dieses vorgestellte Angebot sollte dazu dienen, einen Vergleich zu den individuell gebuchten Reisen darzustellen. Grob kann jedoch gesagt werden, dass für einen Teneriffa-Urlaub mit diesen Konditionen mit 700 € pro Person gerechnet werden kann. Hinzu kommt der Mietwagen für ca. 100 € und diverse Ausflüge. Je nachdem, wie viel Sie unternehmen möchten, müssen Sie Ihr Budget dann noch anpassen. Plant man noch ca. 300 € pro Person für sonstige Dinge ein, wird man mehr als genug haben, um einige Dinge auf der Insel zu entdecken.

Wahrscheinlich werden die meisten Menschen auch mit weniger auskommen, sodass man sagen kann, dass man für diese Reise, grob überschlagen, 1000 € pro Person einplanen sollte. Möchte man seinen Urlaub jedoch nur am Strand und im Hotel verbringen, variieren die Kosten natürlich. Nun haben Sie umfassende Informationen für Ihre nächste Reise nach Teneriffa erhalten und Sie wissen, worauf Sie sich einstellen müssen. Die Insel bietet faszinierende Möglichkeiten und wird für immer in Ihrem Gedächtnis erhalten bleiben. Wir hoffen, dass Ihnen dieser Reiseführer helfen und Sie für Teneriffa gewinnen konnte.

Packliste

Geld & Finanzen

O (evtl.) Auslandswährung
O Bargeld
O Bauchtasche
O Brustbeutel
O Bauchtasche
O EC-Karte
O Kreditkarte
O Notfall-Telefonnummern der Banken
O Portmonee

Hygiene

O Haarbürste / Kamm
O Dco (klein)
O Shampoo
O Kulturtasche
O Sonnencreme
O Taschentücher

O Reise-Zahnbürste und Zahnpasta
O Verhütungsmittel

Kleidung

O Badeklamotten
O Gürtel
O Hosen kurz / lang
O Mütze / Cap / Hut
O Pullover
O Regenjacke
O Schlafanzug
O Socken
O Sonnenbrille
O Sportklamotten / Jogginghose
O T-Shirts
O Unterwäsche

Medikamente

O Blasenpflaster
O Anti-Durchfalltabletten
O Erste-Hilfe-Set

O Fiebertabletten

O Fiebertabletten

O Mückenschutz

O sonstige Medikamente

O Pflaster

O Kopfschmerztabletten

Unterlagen & Papiere

O ADAC Unterlagen

O Adresslisten für Postkarten

O Krankversicherungsnachweis

O Stadtplan

O Führerschein

O Unterlagen für die Unterkunft

O Wasserdichte Hülle für Reiseunterlagen

O Impfausweis

O Mietwagenunterlagen

O Personalausweis

O Reisepass

O Reisetagebuch

O evtl. Studentenausweis

O evtl. Visum
O Zug- / Bahn- / Flugticket

Taschen & Rucksäcke

O Koffer / Trolley / Reisetasche
O Regenhülle für Rucksack
O Rucksack

Schuhe

O Badeschlappen / Hausschuhe
O Schuhe und Wechselschuhe

Sonstiges

O Brille / Kontaktlinsen und Etui
O Buch zum Lesen
O Ohrenstöpsel und Schlafmaske
O Regenschirm
O Reisedecke
O Wasserflasche
O Wörterbuch

Elektronik

O Digitalkamera
O Handy
O Ladekabel
O Kopfhörer
O evtl. Steckdosenadapter
O Power-Bank

Herstellung und Verlag:

BoD – Books on Demand, Norderstedt

ISBN: 9783751921633

1. Auflage

Kontakt: Psiana eCom UG/ Berumer Str. 44/ 26844 Jemgum

Covergestaltung: Fenna Larsson

Coverfoto: depositphotos.com